中国电子信息工程科技发展研究

未来网络专题

中国信息与电子工程科技发展战略研究中心

科学出版社

北京

内 容 简 介

本书对未来网络领域的相关研究进行了全面的剖析和深入的解读，首先介绍了国内外在未来网络体系架构、关键技术、试验设施、产业成果等方面的发展现状，然后进一步探讨了未来网络试验设施、网络操作系统、天地一体化网络、海洋信息网络等几项我国网络领域的发展热点，并分别从技术层面和应用场景层面就该领域的发展趋势展开深入分析，最后对我国未来网络的发展进行了展望。

本书适合网络通信、计算机等方面的研究生，从事网络技术领域研究的科研人员及相关产业从业人员参考。

图书在版编目（CIP）数据

中国电子信息工程科技发展研究．未来网络专题/中国信息与电子工程科技发展战略研究中心著．—北京：科学出版社，2019.8

ISBN 978-7-03-061295-3

Ⅰ．①中… Ⅱ．①中… Ⅲ．①电子信息-信息工程-科技发展-研究-中国 Ⅳ．①G203

中国版本图书馆 CIP 数据核字（2019）第 097215 号

责任编辑：赵艳春 / 责任校对：郑金虹

责任印制：吴兆东 / 封面设计：迷底书装

科学出版社 出版

北京东黄城根北街 16 号

邮政编码：100717

http://www.sciencep.com

北京虎彩文化传播有限公司 印刷

科学出版社发行 各地新华书店经销

*

2019 年 8 月第 一 版 开本：A5

2021 年 3 月第二次印刷 印张：2 1/4

字数：66 000

定价：88.00 元

（如有印装质量问题，我社负责调换）

《中国电子信息工程科技发展研究》指导组

组长：

陈左宁　卢锡城

成员：

李天初　段宝岩　赵沁平　柴天佑
陈　杰　陈志杰　丁文华　费爱国
姜会林　刘泽金　谭久彬　吴曼青
余少华　张广军

国家高端智库

CETC 中国电科 中国信息与电子工程科技发展战略研究中心
CHINA ELECTRONICS AND INFORMATION STRATEGIES

中国信息与电子工程科技发展战略研究中心简介

中国工程院是中国工程科学技术界的最高荣誉性、咨询性学术机构，是首批国家高端智库试点建设单位，致力于研究国家经济社会发展和工程科技发展中的重大战略问题，建设在工程科技领域对国家战略决策具有重要影响力的科技智库。当今世界，以数字化、网络化、智能化为特征的信息化浪潮方兴未艾，信息技术日新月异，全面融入社会生产生活，深刻改变着全球经济格局、政治格局、安全格局，信息与电子工程科技已成为全球创新最活跃、应用最广泛、辐射带动作用最大的科技领域之一。为做好电子信息领域工程科技类发展战略研究工作，创新体制机制，整合优势资源，中国工程院、中央网信办、工业和信息化部、中国电子科技集团加强合作，于 2015 年 11 月联合成立了中国信息与电子工程科技发展战略研究中心。

中国信息与电子工程科技发展战略研究中心秉持高层次、开放式、前瞻性的发展导向，围绕电子信息工程科技发展中的全局性、综合性、战略性重要热点课题开展理论研究、应用研究与政策咨询工作，充分发挥中国工程院院士，国家部委、企事业单位和大学院所中各层面专家学者的智力优势，努力在信息与电子工程科技领域建设一流的战略思想库，为国家有关决策提供科学、前瞻和及时的建议。

《中国电子信息工程科技发展研究》编写说明

当今世界，以数字化、网络化、智能化为特征的信息化浪潮方兴未艾，信息技术日新月异，全面融入社会生产生活，深刻改变着全球经济格局、政治格局、安全格局。电子信息工程科技作为全球创新最活跃、应用最广泛、辐射带动作用最大的科技领域之一，不仅是全球技术创新的竞争高地，也是世界各主要国家推动经济发展、谋求国家竞争优势的重要战略方向。电子信息工程科技是典型的"使能技术"，几乎是所有其他领域技术发展的重要支撑，电子信息工程科技与生物技术、新能源技术、新材料技术等交叉融合，有望引发新一轮科技革命和产业变革，给人类社会发展带来新的机遇。电子信息又是典型的"工程科技"，作为最直接、最现实的工具之一，直接将科学发现、技术创新与产业发展紧密结合，极大地加速了科学技术发展的进程，成为改变世界的重要力量。电子信息工程科技也是新中国成立 70 年来特别是改革开放 40 年来，中国经济社会快速发展的重要驱动力。在可预见的未来，电子信息工程科技的进步和创新仍将是推动人类社会发展的最重要的引擎之一。

中国工程院是国家工程科技界最高荣誉性、咨询性学术机构，把握世界科技发展大势，围绕事关科技创新发展的全局和长远问题，为国家决策提供科学的、前瞻的和及时的建议。履行好国家高端智库职能，是中国工程院的一项重要任务。为此，中国工程院信息与电子学部在陈左宁副院长、卢锡城主任和学部常委会的指导下，第一阶段(2015 年年底至 2018 年 6 月)由邬江兴、吴曼青两位院士负责，第二阶段(2018 年 9 月至今)由余少华、陆军两位院士负责，组织学部院士，动员各方面专家 300 余人，参与《中国电子信息工程科技发展研究》综合篇和专题篇(以下简称“蓝皮书”)编撰工作。编撰“蓝皮书”的宗旨是：分析研究电子信息领域年度科技发展情况，综合阐述国内外年度电子信息领域重要突破及标志性成果，为我国科技人员准确把握电子信息领域发展趋势提供参考，为我国制定电子信息科技发展战略提供支撑。

“蓝皮书”编撰的指导原则有以下几条：

(1) 写好年度增量。电子信息工程科技涉及范围宽、发展速度快，综合篇立足“写好年度增量”，即写好新进展、新特点、新趋势。

(2) 精选热点亮点。我国科技发展水平正处于“跟跑”“并跑”“领跑”的三“跑”并存阶段。专题篇力求反映我国该领域发展特点，不片面求全，把关注重点放在发展中的“热点”和“亮点”。

(3) 综合专题结合。该项工作分“综合”和“专题”两部分。综合部分较宏观地讨论电子信息领域科技全球发展态势、我国发展现状和未来展望；专题部分对 13 个子领域中热点亮点方向进行具体叙述。

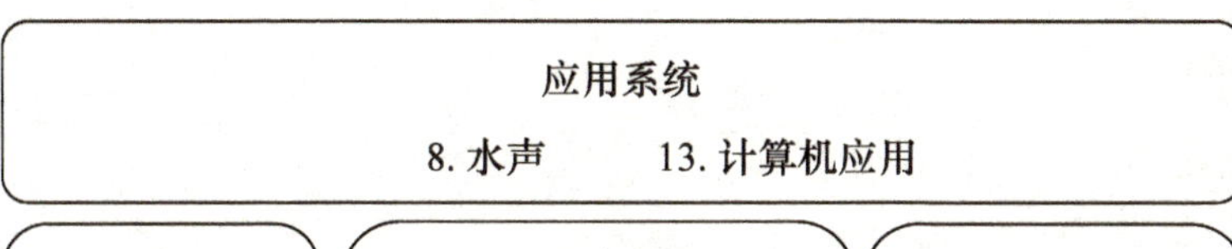

获取感知
3. 感知
5. 电磁空间

计算与控制
10. 控制
11. 认知
12. 计算机系统及软件

网络与安全
6. 网络与通信
7. 信息安全

共性基础
1. 微电子光电子 2. 光学工程 4. 测试计量 9. 电磁场与电磁环境

子领域归类图

5 大类和 13 个子领域如上图所示。13 个子领域的颗粒度不尽相同，但各子领域的技术点相关性强，也能较好地与学部专业分组对应。

编撰“蓝皮书”仍在尝试阶段，难免存在很多疏漏，敬请批评指正。

中国信息与电子工程科技发展战略研究中心

2019 年 3 月

前言

在过去的十几年，我国互联网领域相关工作取得了快速的发展和显著的成绩，特别是在网络规模、用户数量、互联网交易额等方面，使得我国已经成为名副其实的网络大国。网络信息化极大地带动了整个社会的经济发展，促进了人类社会的进步。然而，当前正在运行的传统互联网体系架构已经有超过 40 年的历史，伴随着网络的大规模使用，传统网络正在面临着一系列新的变革与挑战，促使其向未来网络发展与演进。那么，未来网络到底是什么？它将对传统网络产生何种影响？这些问题正成为业界关注和探讨的焦点。事实上，如果把传统互联网比作普通马路，那么未来网络就是在现有网络架构上建设智能的网络高速公路。未来网络既需要在短期内满足新业务需求，又要在长期内全面、彻底地解决现网存在的问题。

如今全球网络技术正处于重大变革的历史机遇期，我国亟须抓住这一历史机遇，推动信息网络领域核心技术突破，主动参与网络空间国际治理进程，自主创新推进网络强国建设[1]。因此，为了响应我国网络强国建设号召，加强互联网与实体经济的深度融合，助力我国未来网络核心关键技术研究，提升我国在全球网络信息领域的核心竞争力和话语权，中国工程院组织相关专家共同撰写了本书，旨在系统全面地介绍未来网络技术的相关发展趋势与机遇。

本书共 6 章，第 1 章和第 2 章主要就国内外未来网络技术和产业方面的发展情况进行了总体介绍，主要包括未来网络体系架构、关键技术、试验设施、产业发展动态等方面，从整体的角度分析和总结了全球未来网络的发展态势。第 3 章主要从未来网络试验设施、网络操作系统、天地一体化网络以及海洋信息网络 4 个方面介绍了我国未来网络领域的几大热点问题。第 4 章分别从技术和应用场景的角度分别就我国未来网络发展趋势展开了思考，探讨了面向 2030 年的网络架构、数据平面可编程、低时延与确定性、网络计算存储一体化、网络人工智能、网络开源等技术发展趋势，以及消费型互联网、工业互联网、军民融合网络、空间网络等应用发展趋势。第 5 章给出了未来网络发展展望。最后，第 6 章对全书内容进行了总结与致谢。

本书内容是作者研究团队在科研过程中一些实际调研和工作成果的总结，希望能够对读者有所帮助。由于作者水平所限，同时未来网络技术仍处于快速发展之中，书中难免会存在疏漏，真诚地期盼读者批评指正。

目　录

第 1 章　国际未来网络发展态势

所谓“未来网络”，指的是既要在短期内满足新业务需求，又要在长期内全面、彻底地解决互联网架构体系的一系列问题的新的网络架构、新的网络技术和手段。因此，未来网络涵盖了“革命式”与“演进式”两大技术路线，它既包含了各种新型的网络体系架构，如信息中心网络，彻底改变现有 TCP/IP 网络的工作模式；又包含了网络相关的各种关键性和热点型的创新技术，如新型组网技术、新型网络协议，以及通过软件定义、人工智能等新技术来解决现网存在的一些问题。未来网络的技术和产业发展既是全球关注的重点领域，也是我国建设网络强国的核心基石。

为了更好地洞悉和追踪未来网络的最新发展情况，本章将主要调研分析国外研究团队在未来网络领域的发展态势，并分别从技术层面和产业层面展开全面深入的介绍。其中技术层面主要包含体系架构、核心关键技术和大型网络试验基础设施几个方面，产业层面主要围绕电信运营商、设备厂商以及互联网公司等维度对国外未来网络的技术和应用创新情况做概括性介绍。

1.1 国际未来网络技术发展态势

未来网络的概念提出以来，美国、欧盟、日本等国家和地区从国家战略层面高度重视未来网络的创新，在政策、资金、人才培养等方面纷纷加大投入力度，以支持学术界与产业界对于未来网络体系架构与核心技术的研究和创新。为应对网络的可扩展性、安全性、实时性、移动性、可控可管以及服务质量保障等重大技术挑战，开发有影响力的应用，美、欧、日等先后布局并启动了一批未来网络研究计划[2]。

1.1.1 国际未来网络体系架构发展情况

1. 信息中心网络

在现有的网络使用模式中，连通性已成为网络的基本能力，面向未来信息传递变得越来越重要[3]，用户更加关心的是数据内容本身。网络的使用模式已经由传统的面向主机连接模式逐渐演变为以信息为中心的转发模式。因此，信息中心网络(Information-Centric Networking，ICN)的概念被美国施乐帕克研究中心(Xerox PARC)和加州大学洛杉矶分校(UCLA)的专家们提出，用以信息为中心的网络通信模型取代传统的以地址为中心的网络通信模型，实现用户对信息搜索和信息获取，旨在增强互联网安全性、支持移动性、提高数据分发和数据收集的能力、支持新应用与新需求[4]。根据命名方式的不同，ICN 分为集中式架构和分布式架构。集中式 ICN 架构采用扁平化的命名方式，即在名字中嵌入内容的哈希，不可读的名字需要通过集中的名字解析服务获得数据路由和转发的路径，如发布订阅互联网技术(Publish-Subscribe Internet Technology，PURSUIT)，以及发布订阅互联网路由范式(Publish- Subscribe Internet Routing Paradigm，PSIRP)[5]；而分布式 ICN 架构采用分层的命名方式，这种命名方式的结构类似于统一资源定位符，分层的根路径命名为内容发布者的名字前缀[5]，直接基于内容名字进行路由，不存在任何解析过程，如命名数据网络(Named Data Networking，NDN)。值得一提的是，NDN 保留了互联网的沙漏模型，通过改变细腰层来设计一个天然支持内容分发的通用网络架构，同时重新定义了全新的报文形式和通信节点数据结构。

2. eXpressive Internet Architecture

为了解决网络使用模式多样化问题，满足对可靠通信的需求，以及有效地协调相关利益者来提供网络服务，卡耐基梅隆大学的研究团队提出了 eXpressive Internet Architecture (XIA)新型网络架构。自 2010 年起，XIA 项目获得了美国国家科学基金会(National Science Foundation, NSF)未来网络体系结构研究计划(FIA)的支持，重点关注互联网的演进以及新功能的增量部署。XIA 架构主要具有可演进、可信、灵活路由等特点。其中，可演进的特点保证了这种新型网络架构可以支持网络的长期演进[6]；可信的特点保证了分组数据的可信转发，是一种 XIA 的内在安全机制；灵活路由特点为未来网络与现有网络兼容提供了很大的灵活性。XIA 结构把网络中的发送方或接收方都视为一种通信主体(Principal)[7]。对于不同的 Principal，路由器通过使用不同的处理方式来实现不同的网络功能，同一个应用可以包含多个不同的 Principal 来实现多种网络功能。

此外，XIA 采用了 XID(XIA ID)来提供通信的内在安全性(Intrinsic Security)，每个 XID 通过密码学的方式生成，通信双方通过 XID 进行身份和内容完整性验证。

3. 移动优先网络

随着移动设备的发展与普及，随之而来的服务、管理和可信性等方面的变化要求面向泛在的移动系统设计未来互联网架构，因此，美国罗格斯大学的研究团队发起了移动优先网络(MobilityFirst)项目。自 2010 年起，MobilityFirst 项目获得了美国 NSF 未来互联网体系结构(FIA)计划的支持，是四个未来互联网研究项目之一。该项目的设计目标主要包括：在符合动态主机和网络规范的技术上提高移动性；在考虑无线特性的基础上保证鲁棒性；通过加强移动网络和有线网络基础设施的安全性和隐私来保证可靠性；支持灵活的上下文感知的移动网络服务、可发展的网络服务等特性；强调可管理性和经济可行性。为了满足这些要求，MobilityFirst 项目基于如下的核心思想构建未来互联网的体系结构：位置标识与身份标识分离；每个命名对象都具有扁平的全局唯一的名字；采用全局命名解析服务(Global Naming Resolution Service, GNRS)完成位置标识与身份标识映射信息的注册、更新、查询；设计多种路由方式应对未来网络的复杂多变场景。

1.1.2 国际未来网络技术发展情况

1. 软件定义网络

当前，随着业务需求的变化，现有网络在数据传输、控制管理、流量调度、安全防护等方面的问题日益增多，传统以 IP 为细腰的网络设计思路变得难于持续发展[4,5]，为此软件定义网络(Software Defined Networking，SDN)技术应运而生[8]。SDN 是一种数据平面与控制平面分离，强调网络可编程性的新型网络架构。数控分离的特征将有助于底层网络设施资源的抽象，从而以虚拟资源的形式支持上层应用与服务，实现更好的灵活性与可控性[2,4,5]。SDN 架构主要可以分为三大部分：SDN 控制平面、SDN 数据平面、SDN 编排平面。控制平面由 SDN 控制器进行集中控制，一方面获取网络资源的全局视图；另一方面根据业务需要可以进行全局资源调配和资源优化，如网络服务质量、负载均衡功能、网络配置管理、控制策略下发等。数据平面的核心是交换设备，主要负责数据处理、高速转发和状态收集等，数据包的控制策略以及网络配置管理可以由控制器完成，可大大提高网络管控的效率。编排平面是指对网络中的行为进行抽象和编程，以协调所需的网络硬件和软件元素来支持各种应用和服务的能力，能够自动化地整合不同域、不同层以及不同厂家的资源，使得网络能力更加开放化且端到端的网络服务更加自动化，进一步为用户提供更好的用户体验。SDN 设计了多种南向接口协议，可以兼容底层差异化的物理转发设备，支持网络资源虚拟化，另外开放了灵活的北向接口供上层业务按需进行网络配置并调用网络资源[9]。

当前，SDN 技术正向更加开放灵活的数据平面、更高性能的开源网络硬件、更加智能的网络操作系统、网络设备的功能虚拟化、高度自动化的业务编排等方面发展和演进。同时，由于该技术具有更加灵活和更强的网络管控能力，并可以实现现有网络的增量级部署，因此受到了业界的广泛应用和商业部署，并由此催生了诸如 Segment Routing、Intent-Based Networking、P4、SD-WAN 等多种备受业界关注的新技术。

2. 网络功能虚拟化

随着网络体系结构演进与业务持续发展，网络中部署了越来越多的专用设备(网络中间件，Middlebox)，它们对数据包进行处理，以实现如防火墙、深度包检测、负载均衡器等特定的网络功能，呈现出和业务紧耦合的特点。这一特点带来的好处是性能高，符合运营商电信级的业务要求，但是也存在功能单一、封闭、不灵活、价格高昂等问题。随着业务种类的增加，这种软硬件一体化的封闭式架构，带来了通信设备日益臃肿、扩展性受限、功耗大、功能提升空间小、业务上线时间长、资源利用率低、运维难度大、成本高、厂商锁定等一系列问题，难以满足网络及应用的快速创新与动态部署要求。因此，美、欧等的电信运营商联合提出了网络功能虚拟化(Network Functions Virtualization，NFV)的概念，并成立了网络功能虚拟化产业联盟。NFV 将虚拟化技术全面扩展到网络当中，支持专有物理网络设备与其上运行网络功能的解耦，通过软件实现网络功能，强调通过通用硬件加软件的方式取代当前网络中私有、专用和封闭的专有设备。NFV 技术提供了一种新的设计、部署和管理网络业务的方法，达到了缩短业务部署上线时间、提升运维灵活性、提高资源利用率、促进新业务的创新、降低操作运营成本(Operating Expense, OPEX)和资本性支出(Capital Expenditure, CAPEX)等目的。

近年来，NFV 技术与标准迅速发展。自 2012 年欧洲电信标准协会(European Telecommunications Standards Institute, ETSI)成立了 NFV 标准工作组(NFV ISG)，2013 年，Domain 2.0 网络重构计划推出，通过引入 NFV、SDN、Cloud 三大核心要素，提升业务上线速度，实现网络的高效灵活管理。2014 年，NFV 开放平台(Open Platform for NFV，OPNFV)开源社区正式成立，为 NFV 提供了一个统一的开源基础平台，加速了上游社区接纳 NFV 相关需求。截至 2018 年，NFV ISG 的成员已经发展至过百个，网络功能虚拟化已得到业界的广泛认同。

3. 边缘计算

随着移动互联网和物联网的发展，数据流量和终端设备连接数量呈现爆炸式增长，这给当前的网络架构带来了严峻挑战。与此同时，随着工业互联网、车联网、VR/AR、4K/8K 视频等新型业务的不断涌现，对网络的传输和处理能力提出了更高的要求，要求网络具有提供超大带宽、超低时延以及超大连接等服务能力，在这一背景下，边缘计算的概念被提出并快速得到接受。边缘计算的概念是云计算概念的延伸，它把云平台迁移到网络边缘，试图将传统通信网络与互联网业务进行深度融合，减少业务交付的端到端时延，发掘网络的内在能力，提升用户体验[10]，从而给整个网络产业生态链的运作模式带来全新变革。

边缘计算及其相关技术受到了标准组织、产业界以及学术界的高度关注。2014 年 12 月，ETSI 组织成立了 MEC ISG 工业标准组，提出了 MEC 标准草案，发布了 MEC 技术白皮书与具体应用场景，并于 2016 年将此概念扩展为多接入边缘计算(Multi-Access Edge Computing，MEC)[11]。

IEEE 也在推动边缘计算的标准化工作。2017 年，IEEE 将边缘计算纳入 IEEE 物联网体系结构框架标准(Standard for an Architectural Framework for the Internet of Things)工作组推进的重要内容之一。*ACM SIGCOMM*、*IEEE INFOCOM*、*IEEE ICC*、*IEEE ACCESS* 等网络领域顶级期刊与会议也相继组织了关于边缘计算的专刊，对边缘计算相关技术开展研究。

4. 网络人工智能

随着机器学习技术的发展，人工智能在社会生产、城市治理、国防建设等多个领域获得了广泛的应用[12]。事实证明，机器学习这种利用大量数据学习规则的方式给很多问题带来了全新的解决方案。由于种类繁多且不断增加的网络协议、拓扑和接入方式使得网络的复杂性不断增加，通过传统方式对网络进行监控、建模、整体控制变得愈加困难，因此网络的设计、部署和管理问题亟须采用新的解决思路。于是，基于“网络+人工智能”的网络人工智能技术应运而生并快速得到了学术界、工业界的广泛关注和重视。网络人工智能技术的核心是将人工智能技术应用到网络中，进而实现一系列传统网络中很难实现的功能。目前，工业界和学术界针对基于人工智能的网络资源与流量智能管控、基于人工智能的自动化网络运维、基于人工智能的网络安全等方面展开了研究。

此外，各标准化组织也相继成立了网络人工智能工作组。2017 年 2 月～11 月间，ESTI 经验式网络智能(ETSI ENI)工作组、3GPP SA2 工作组、ITU-T FG-ML5G 工作组相继成立。此外，工业界和学术界也积极跟进和布局网络人工智能领域的研究，Google 通过在数据中心中使用 DeepMind

公司的机器学习能力，将冷却系统的能耗减少了40%。MIT和微软研究院联合设计了基于人工智能的网络资源管理平台DeepRM[13]，实现了对网络中的CPU资源和网络带宽资源进行高效的管理与智能分配。2016年，Gartner提出了AIOps[14]的概念，通过人工智能的方式来支持现在日益复杂的网络运维工作。日本KDDI也开发了基于AI的监视器实现智能运维。微软设计了基于人工智能的数据中心故障定位系统NetPoirot[15]，根据主机侧的TCP数据来定位故障的发生位置。与此同时，亚马逊AWS也发布了新云服务安全工具Macie，通过机器学习对存储在Amazon S3中的数据进行智能保护。

5. 其他未来网络相关技术

(1) IP+光协同技术

从全球未来网络技术发展情况来看，IP层和光层在朝着不断融合的方向发展。然而考虑到当前网络流量的激增，运营商面临诸如IP层和光层扩容成本高、IP网络与光网络协同能力差、业务开通和部署周期长、网络优化改造对现网业务影响大等一系列问题。为应对上述挑战，国际上广泛开展了基于SDN的IP+光协同技术研究，通过在光层网络构建灵活的带宽云，实现IP网络和光网络灵活的互操作，利用SDN控制器实现全局视角的集中控制，在统一的运维层实现网络的抽象和业务自动化等能力。特别地，IETF提出的PCE架构与协议通过两层SDN控制器实现了流量调度、路径计算、协作优化等功能。具体地，两层SDN控制器具备光网络拓扑采集、光路径计算、光路径下发、光路由保护、光路径保护、光网络虚拟化、流量监控与告警等能力。其中，IP 层控制器负责收集 IP 网络拓扑和利用率信息，向下对设备进行 IP 流量调度，向上对协同层提供资源调度接口；光控制器负责收集光网络拓扑和利用率信息，向下对设备进行光路径开通和调度，向上对协同层提供资源调度接口。两层的控制器之上还有跨层的编排器，向上负责接收用户流量需求、记录资源的历史分配信息，向下负责协同 IP 网络和光网络控制器打通端到端路径，无须考虑 IP 网络和光网络各自的拓扑和路径信息。

(2) 新型路由机制

随着互联网在全球范围内大规模的使用，运营商全面开启网络 ALL IP 时代，诸如 ICT 行业、证券金融行业以及零售行业等众多行业的核心业务都很大程度地依托于网络展开。在这种背景下，网络的高可用及自愈能力，日益成为构建网络的关键目标，其中，新型路由机制成了近年来备受关注的未来网络技术研究点，包括研究如何实现快速重路由、快速重路由的使能技术、数据中心网络路由机制等。自 2018 年开始，IETF 专门成立了相关的工作组，分别提出了基于最大化冗余树的备份路由计算机制(MRT-FRR)、新一代网络传送技术标准段路由(Segment Routing，SR)和 SRv6、边界网关协议最短路径优先(BGP SPF)、基于 Fat Tree 网络设计的全新路由协议(RIFT)。MRT-FRR 旨在寻找能够达到 100%覆盖率的快速重路由技术，其路由设备除了能够按照 SPF 最短路径转发外，还可以按照 MRT-RED/MRT-BLUE 两棵最大冗余树转发；SR 和 SRv6 可为 IP 网络引入可控的标签分配，提供高级流量引导能力，简化传统快速重路由技术的实施难度，提供灵活的软件定义路径能力；BGP SPF 和 RIFT 主要解决数据中心路由问题，BGP SPF 融合了 BGP 信道优势和 IGP 全局拓扑优势，形成了一套新的路由机制；RIFT 是针对 Fat Tree 网络设计的全新路由协议，具备发现和校验设备间拓扑、故障检测与收敛等能力。

(3) 面向 5G 的承载技术

在 5G 全面商用部署之前，相关技术的攻关成为当务之急。其中 5G 承载网可以实现对于接入网和核心网的管控能力，具备灵活调度网络资源等功能，同时还能有效保证 5G 网络服务质量，如带宽保障、时延保障等。5G 承载网的总体架构主要包括了三个部分，分别是转发平面、协同管控平面以及 5G 同步网，在此架构下同时支持差异化的网络切片服务能力。5G 承载网的转发平面，包括了接入、汇聚和核心三部分，接入层通常为环形组网，汇聚和核心层根据光纤资源情况，可分为环形组网与双上联组网两种类型，可采用 IPRAN、OTN 等方案演进实现；5G 承载网的协同管控平面与 SDN 网络控制平面的功能一致，通过管理和控制底层网络资源，从而为上层业务提供按需定制和灵活配置网络资源的能力，并且可以实现网络自动化和智能化的运维；5G 同步网主要为基本业务同步需求提供支撑，通过将高精度时钟源部署在城域核心节点中，从而满足 5G 网络对于基本业务同步的需求[16]。在 5G 承载网领域，ITU-T 相关研究组目前已经发布了 5G 承载技术报告，为 5G 承载技术的研究奠定了基础，将 5G 承载需求切实落实到 5G 承载方案的制定；明确了 OTN 技术纳入 5G 承载技术标准中，用于解决 5G 中关于前传、中传以及回传的需求。

1.1.3 国际未来网络试验床建设情况

1. 美国 GENI 试验床

全球网络创新环境(GENI)是由美国国家科学基金会主导的一个新型的互联网试验环境。GENI 项目是一个长期的大型研究项目，于 2007 年 5 月专门成立了 GENI 项目办公室(GENI Project Office，GPO)作为其管理机构。按照系统架构设计，GENI 通过资源切片的方式来保证不同研究团体可以共享资源，并为他们提供跨资源的非 IP 连接以及仪器和测量工具。整个 GENI 的体系结构包括物理网络基层、用户管理核心层和用户服务层[17]。其中，物理网络基层为用户团体创建虚拟网络(Virtual Network, VN)提供基础资源；用户管理核心层通过抽象的接口与 GENI 体系结构绑定起来；用户服务层依托环境设施提供开放服务，支持包括开发人员和研究人员等在内的数个不同用户团体的研究工作。

在 GENI 平台的基础上，面向无线网络领域的试验需求，2017 年美国 NSF 启动了高级无线研究平台(Platforms for Advanced Wireless Research，PAWR)项目，并由美国 Ignite 公司和美国东北大学共同运营管理，计划于 2020 年初将高级无线研究的第一套平台投入使用。

2. 欧盟 FIRE 试验床

未来互联网研究与试验(Future Internet Research and Experiment, FIRE)项目是欧盟建设的一个动态可持续的欧洲试验基础设施平台，该平台通过渐进式部署的方式，联合现有的和未来的互联网试验平台。FIRE 针对所涉及的领域设立了多个项目并进行建设，包括有线网络试验床、

OpenFlow 试验床、云计算试验床、物联网试验床、无线网络试验床等类型。

有线试验床以 PlanetLab Europe 为代表，基于 IP 网络和通用服务器建设大规模试验网络，提供 L3 层及以上的试验服务能力，目前已经覆盖欧洲、美国、亚洲、澳洲等 205 个区域，包含 343 个服务节点。OpenFlow 试验床以 OFELIA 为代表，其建设方案与 GENI 类似，通过虚拟专用网络(Virtual Private Network, VPN)互联多个 OpenFlow 区域网络，允许用户通过对控制器编程，进行 L2 层网络实验。该试验床重点研究 OpenFlow 网络的虚拟化技术，网络采用基于 VLAN-ID 的分片技术，并通过切片虚拟化技术(如 FlowVisor)划分子网。云计算网络试验床以 BonFire 为代表，由分布在欧洲的多家单位和物理设备构成，包括光设备、交换机和各种 IT 资源(计算、存储)，旨在验证云架构、云概念和商业模型的合理性和实用性，作为云服务软件原型系统的测试平台。物联网试验床以 Smart Santander 智慧城市项目为代表，在桑坦德市建立覆盖全市的物联网络，支持包括无线传感器网络试验以及基于物联网网络感知信息应用试验在内的两类试验，截止到 2017 年传感器节点已经达到 15000 多个。无线网络试验床以使用开源平台的网络试验床(Network Implementation Testbed using Open Source Platform, NITOS)为代表，基于 SDN 建立了小规模室内无线网络和大规模的室外无线网络，包括 Wi-Fi、WiMAX 和 LTE 等无线传输技术，支持无线网络协议在真实网络场景下的验证。

3. 日本 JGN-X 试验床

日本信息与通信技术研究院(National Institute of

Information and Communications Technology, NICT)在 1999 年开始启动日本吉比特网络(Japan Gigabit Network，JGN)项目；2004 年升级至 JGN2 网络，广泛支持多播和 IPv6 协议；2011 年，进一步启动 JGN-X(Japan Gigabit Network-X)项目，旨在建立新一代网络。JGN-X 网络组成的设备包括二层交换机和三层路由器，并在全日本拥有 22 个接入点。连接骨干点的骨干网由 10Gbps 到 40Gbps 的网络组成，其他接入点通过 1Gbps 宽带方式接入。JGN-X 具有虚拟路由器和虚拟存储的全国性基础虚拟环境，在 15 个站点提供可编程网络环境，并具有 T 比特级光学传输的测试环境。此外，通过使用 5 个国际电路，JGN-X 实现了与美国、泰国、新加坡、韩国、中国、欧洲和其他国家的网络互连。

目前，JGN-X 网络测试平台研发实验室设立了 4 大研究主题：网络编排(运营管理)研究、大规模仿真研究、有线/无线网络虚拟化基础研究、光/无线综合网络控制研究。JGN-X 正被研究人员和研究机构广泛应用于新一代网络的相关研究项目和项目示范等活动中。

4. 韩国 KREONET-s 试验床

韩国未来网络试验项目 KREONET-s 旨在推动 KREONET 基础设施的软件定义改造，KREONET 是韩国 KISTI 研究所旗下主要的全国性教育科研网。该项目第一阶段目标是为 KREONET 用户提供韩国第一个软件定义广域网(Software Defined WAN，SDN-WAN)服务，这个阶段在 2017 年已完成。第二阶段从 2018 年至 2020 年，其目标是基于 SDN 控制器和可编程网络设备，提供一个全国范围内的可编程网络基础设施，具体建设方案包括高性能数据平面、基于分布式的开放网络操作系统(Open Network Operating System, ONOS)集群控制平面以及应用服务层面，用户可以通过开放应用程序接口(Application Programming Interface, API)方便地访问这些基础设施。

KREONET-s 项目一共由 5 个节点组成网络集群。该项目上层的应用包括部署虚拟专用网络，以及试验用户的可视化开发能力。KREONET-s 项目建成了一个 7×24 小时的网络操作中心，包括在韩国全境范围内的 17 个 G 比特汇聚节点，以及通向美国、中国和欧洲的 4 个万兆比特国际连接节点，并且基于虚拟专用网络并行提供多项服务，包括单域 SDN 服务、SDN-IP 服务，以及和其他机构合作的跨域 SDN 服务。

1.2 国际未来网络产业发展态势

全球网络通信产业经过多年的发展，目前已经形成了相对完善的生态链。电信运营商、设备厂商、互联网公司等多方力量营造了相对开放的环境，共同推动技术的发展和应用。运营商积极与厂商合作，共同推动产品和服务向全球化迈进。厂商凭借资金等方面的优势，加速对业界初创公司的收购和整合，推出全新的面向市场的产品/服务。未来网络领域正在“竞合”的理念下快速成长，逐渐在业界掀起新的浪潮，整个产业生态圈也逐渐发展壮大。本节将主要介绍国外电信运营商、设备厂商、互联网公司在该领域的工作进展。

1. 电信运营商

从整体端到端的架构来看,运营商的网络正在虚拟化、白盒、软件定义、云计算等关键技术架构的推动下,发生着巨大而迅速的变化:接入网与城域网在 SDN/NFV 的推动下,向资源数据中心化、设备白盒化、业务虚拟化的方向演进;骨干网迈上 T 级平台,带宽大颗粒化、路径调度智能化成为了大网的基础能力;由混合云带动的入云专线、多云带动的多云交换、SD-WAN 带动的企业 WAN 重构,全方位地驱动着大网运营向云计算思维转型;另外,目前物联网、5G、边缘计算正处于产业爆发前期,固移融合、网络切片、边云协同将成为电信运营商未来网络发展的核心战略与命题。

国外在未来网络领域比较积极的电信运营商主要包括美国 AT&T、德国电信(Deutsche Telekom)和日本电报电话公司(NTT)等。AT&T 在该领域的主要进展包括:启动了 Domain 2.0 计划,该计划的核心是利用 SDN/NFV/Cloud 技术进行网络重构,包括对运营商网络的技术架构和组织架构进行变革;提出 Network 3.0 计划,该计划将软件定义网络与大数据、微服务、机器学习等新兴技术集成在一起,提供多组织间的数据共享和数据安全服务;开源其网络运营系统 ECOMP,并在开放网络自动化平台(Open Network Automation Platform, ONAP)项目中起到主导作用;在白盒领域进行积极探索,成立了 DANOS(Disaggregated Network Operating System)项目,推出了开源分布式设备操作系统,打造白盒操作系统供应商生态系统;联合开放网络基金会(Open Network Foundation, ONF)推动 CORD(Central

Office Re-architected as a Datacenter)项目发展，试验网络机房数据中心化与虚拟化；联合 VeloCloud 等公司推出了面向 150 个国家和地区的 SD-WAN 服务，推出了 AIC 和 NetBond 服务，在边缘与云的组网服务领域进行着先锋探索；进行了 5G 演示实验，发布了 5G 空口标准，推动基站白盒化发展；在 5G 网络边缘计算中运用 Azure 云服务技术，提出了联网汽车解决方案。德国电信(DT)在该领域的主要进展包括：发布了泛欧网络项目 PAN-EUROPEAN，以提供电信领域低成本解决方案；推出物联云平台(Cloud of Things)；积极与设备厂商华为等合作，在 5G 设备研发、5G 标准以及 5G 应用领域开展工作。日本 NTT 在该领域的主要进展包括：发起 Arcstar 项目，该项目使用 SDN 技术连接跨越全球各地十几个国家的云数据中心，随后推出 Arcstar Universal One(UNO)网络服务；推动网络平台开放创新的研究计划；发布了 SDN 技术的研究成果，完成对 Virtela 公司的收购，并利用其研发能力，将 SDN 和 NFV 技术应用在 UNO 网络；推出软件定义一切加管理(SDx+M)战略，助力企业实现数字化转型。

2. 设备厂商

网络创新的生态离不开设备厂商的参与，他们是业界技术推动的重要力量，在推动网络转型的过程中发挥着重要的作用。从 IP 技术标准角度来看，EVPN 和 Segment Routing 在众多设备厂商的合力推动下，已经成为了未来 Overlay 和 Underlay 技术的标准组合，SRv6 的发展方兴未艾，具备未来重新定义 IP 技术体系的潜力。从业务场景的角度来看，各大设备厂商都在形成端到端的 SDN 解决方案，包括 SD-LAN(软件定义局域网)、SD-CAMPUS(软件定义园区网络)、SD-WAN(软件定义广域网)、SD-DCN(软件定义数据中心网络)等。从设备形态角度来看，基于 x86 的 NFV 设备和基于商用 ASIC 的白盒/灰盒，正在逐步打开传统网络设备市场的大门。从芯片角度来看，ASIC 可编程能力逐步增强开放，NP 市场空间正在被压缩，7nm 工艺和单片 12.8Tbps 的商用 ASIC 产品已经就位，硅光子技术有望在未来突破纳米工艺极限。

国外知名的设备厂商主要包含思科、爱立信和博通等。思科在该领域的主要进展包括：推出了全业务场景的 SDN 产品线，牵头成立了开源 SDN 控制器组织——OpenDaylight，推出了基于意图的网络(IBN)，以进一步对 SDN 的能力进行延伸；与 Barefoot Networks 合作使用 Barefoot 研发的 6.5Tbit/s Tofino™交换机和 FD.io VPP 展示了 IOAM(In-situ Operation, Administration and Maintenance)的实现方式；并于 2018 年 11 月推出了全新 400G 以太网交换机；从战略层面来看，思科宣布未来向软件提供商转型，在其数据中心交换机上也开始使用商用 ASIC，并创新地提出了硬件租赁的新型商业模式。爱立信在该领域的主要进展包括：与美国运营商 Verizon 合作，共同推进 5G 的试验和试商用部署，进军 SD-WAN 领域，并且在中国投资了专门从事 SD-WAN 产品研发的观脉科技公司。博通在该领域的主要进展包括：为交换机/路由器提供了 Trident、Tomhawk、Jericho 等系列的商用 ASIC 产品，开放 OF-DPA 和 OpenNSL 等接口以增强 ASIC 的可编程能力。除博通以外，Innovium 和 BareFoot 等创业公司也纷纷推出了具备自身特色的 ASIC 产品，在大容量、高性能和可编程等方向上做出了积极的探索。

3. 互联网公司

在未来网络领域的创新中，互联网公司日益成为重要的推动者和实践者。在数据中心方面，Leaf-Spine 已经成为大型互联网公司的标准网络架构，在此架构下，自研白盒交换机成为主流趋势，传统的路由协议也正在被重新设计与定义，ECMP 及其增强成为 DC 内部 TE 的核心能力，Telemetry 成为可视化的关键方案。以太网则将在 2020 年升级为 100/400Gbps，RoCE 则在高性能存储和 AI 计算的带动下崭露头角；在应用架构方面，虚拟机和容器已经成为主流的工作负载，OpenStack 和 Kubernetes 已经成为了数据中心操作系统的实施标准，虚拟机和容器的大规模组网方案逐步成熟，基于 Service Mesh 的微服务组网成为了业界新的热点；在公有云方面，大型的互联网公司纷纷走上了自研 SDN/NFV 的技术路线，包括虚拟私有云、虚拟负载均衡、虚拟防火墙、混合云与 SD-WAN 等多种产品与解决方案，且已逐步成熟并具备了大规模提供服务的能力。在公有云规模下，CPU 的处理性能已经很难满足业务的发展需要，各种硬件加速与协处理技术成为了新兴的技术发展方向。

国外知名互联网公司的主要代表包括微软、谷歌、Facebook 和亚马逊等。微软在该领域的主要进展包括：发布了开源交换机操作系统平台 SONiC(Software for Open Networking in the Cloud)，同时贡献了交换机抽象接口 (Switch Abstraction Interface，SAI)，得到了业界广泛的认可和采用；在公有云领域，微软的 Azure 的市场占有率紧随亚马逊的 AWS 之后；推出了基于现场可编程门阵列(FPGA)的超低延迟云端深度学习系统 Project Brainwave，提升数据中心网络实时运算能力；发布了 Azure IoT Edge 解决方案，重点推动边缘的人工智能应用。谷歌在该领域的主要进展包括：发表了 SDN 商用案例 B4(大规模广域数据中心跨域互联)，研发出 Jupiter(一个能够支持超过 10 万台服务器规模的数据中心互联架构)和 Andromeda(一个 NFV 堆栈)；发布了云 TPU，为其网络智能化运维及数据中心下的人工智能产品提供强大算力；此外，谷歌还发布了 SDN 架构的 Espresso，实现与互联网服务提供商的对等连接；推出了开源、独立于芯片的交换机操作系统 Stratum 项目，并已于 2019 年进入完全开放阶段；从整体网络发展战略来看，谷歌不断增加其全球组网基础设施投资，并坚持其纯 SDN 的发展路线，与 ONF 共同推动着 P4 和 Stratum 项目的发展。Facebook 在该领域的主要进展包括：和多家电信运营商共同参与了 TIP Project 计划；2018 年正式推出了开放光传输产品 Voyager；2019 年推出了模块化的白盒网络交换平台 Minipack，提供一个灵活的数据中心网络。亚马逊在该领域的主要进展包括：AWS 在公有云领域处于相对领先位置，但从其发展战略来看，AWS 较为注重其产品应用与变现能力，对开源并不是十分积极，在业界率先推出虚拟私有云、弹性负载均衡 ELB、云 DNS Route53、内容分发 CloudFront、专线接入 Direct Connect 等产品与服务，推动了云计算组网技术的发展潮流。

第 2 章　我国未来网络发展态势

为了全面梳理我国在未来网络领域当前的研究和发展状况，本章主要从我国未来网络技术发展态势和我国未来网络产业发展态势进行调研和总结。技术方面，概述我国相关团队在未来网络架构和关键技术问题上的研究情况。产业方面，主要围绕我国电信运营商、设备厂商以及互联网公司等维度对未来网络技术和应用创新等方面进行了总结和分析。

2.1　我国未来网络技术发展态势

国外对于未来网络领域广泛而深入的研究引起了我国对未来网络领域的高度重视，我国也积极布局并实施了一系列研究计划，目前已在体系架构设计、核心技术攻关等领域取得了令人瞩目的成果。

2.1.1　我国未来网络体系架构发展情况

1. 服务定制网络

随着互联网业务的迅猛发展，急剧增加的互联网流量、用户差异化的需求以及实体经济与互联网深度融合的趋势使得当前网络面临着前所未有的挑战。传统基于 TCP/IP

的网络体系架构在可扩展性、安全性、可控可管等方面存在很多问题。针对上述挑战，江苏省未来网络创新研究院、北京邮电大学、中国科学院计算技术研究所等单位联合提出了服务定制网络(Service Customized Networking，SCN)的设计理念[18]，基于软件定义网络设计，继承了其数据控制分离以及网络可编程的主要特点，并针对当前互联网中的问题，增强了网络虚拟化能力和智能资源调度能力。该架构主要特点表现为：首先，分离了网络控制层与数据交换层，可以简单、灵活地管理和控制整个网络，通过建立分等级的 VN 实现差异化的用户服务；其次，智能的优化内容调度，使得内容尽可能地缓存/存储在网络边缘，降低内容传输的冗余度；最后，设计了网络大数据分析机制，分析的结果反馈给分发和控制平面，利用数据分析和人工智能为网络内容调度、智能控制提供支撑[18]。

2. 全维可定义网络

现有互联网在各行各业的普及化应用推动了其技术本身的快速发展，然而面对层出不穷的新业务与新应用，当前网络基础架构及其相关技术体系却不断地暴露出一系列亟待解决的问题和严峻的挑战，一定程度上来讲这些问题和挑战限制了互联网与实体经济更好地深度融合[19]。针对上述挑战，解放军战略支援部队信息工程大学团队以 SDN 和 NFV 等作为新型网络技术的创新基础，提出了全维可定义开放网络架构，该架构设计了软件定义转发功能、软件定义互连机制、软件定义协议，同时还设计了软件定义硬件以及软件定义芯片等相关设备，全面地定义了网络拓扑、协议、接口以及软/硬件等网络组件，为新业务及新应用提供细粒度、个性化的服务保障[20]。

3. 地址驱动网络

地址驱动网络(Address Driven Network，ADN)是清华大学提出的一种未来网络体系结构[21]。其核心思想是以 IP 地址的创新管理和使用方法为驱动，充分利用 IP 地址的多重属性，来解决当前互联网面临的规模扩展、安全可信、服务质量等技术挑战[21]。地址驱动网络在 IP 地址多重属性得到应用的基础上，能够实现多种技术或应用，包括真实 IP 地址、二维路由、动态 IP 等。其中，二维路由将 IP 报文的源地址和目的地址一起作为路由的依据，完成一些复杂路由；真实 IP 地址和动态 IP 则分别对报文的源地址和目的地址的真实有效性进行验证，防止恶意网络攻击，或者对其他终端发起未得到授权的访问。地址驱动网络能够很好地兼容现有手段，为充分利用 IP 地址资源提供硬件和管理平台，渐进并彻底完成互联网革新，以满足未来的发展需求。

2.1.2　我国未来网络技术发展情况

1. 软件定义网络(SDN)

自 SDN 理念在国外兴起后，也得到了我国学术界和产业界的广泛认同和高度重视。近年来，我国基于 SDN 的网络新技术研究和探索主要集中在 4 个方面：Segment Routing(SR)、Intent-Based Networking(IBN)、P4、SD-WAN。Segment Routing 是一种源路由机制[22]，旨在对 IP、MPLS 的网络能力进行优化，提高网络可扩展性以及提供诸如 FRR、TE、MPLS VPN 等相关功能，目前国内运营商基于该技术实现了骨干网中多厂家设备的 SR 互通应用，实现了 SDN 配合段路由流量工程(Segment Routing-Traffic Engineering, SR-TE)进行业务调度。Intent-Based Networking 技术是一种在掌握自身“全息状态”条件下，基于人类业务意图进行搭建和操作的闭环网络架构，该技术目前在国内的研究还处于起步阶段，一些大型的企业、云服务提供商、电信运营商等准备运用该技术去优化数据中心网络中存在的问题，目前得到了业界的广泛关注。P4 是一种面向可编程数据平面的专用的编程语言[23]，其目标为协议无关性、目标无关性以及现场可重配置能力，目前国内知名的互联网公司、设备厂商都在积极探索 P4 方面的研究，期望利用 P4 可编程设备实现网络可编程实践。SD-WAN 通过控制器实现对全网 SD-WAN 网关的集中管理和控制，目前国内在该领域分别提出了 Overlay 和 Underlay 等多种技术方案，应用在企业网和运营商场景中，有效提升了 WAN 连接质量并降低了连接成本。

2. 网络功能虚拟化

鉴于 NFV 的优良特性，我国电信运营商都在积极布局在网络中引入 NFV 技术，在 NFV 技术领域一直与国外的标准组织保持着密切的合作。2015 年，中国联通搭建完成了符合 ETSI NFV 参考架构的试验平台，聚焦网络服务编排和虚拟资源管理两个方面，其目标在于探索 NFV 环境下网络服务的运营模式，验证云平台承载 VN 功能的技术可行性[24]。2016 年，中国电信发布了 CTNet2025 计划，自主研发管理与编排(Management and Orchestration, MANO)系统中网络功能虚拟化业务编排器(Network Function Virtualization Orchestrator, NFVO)和虚拟基础设施管理(Virtual Infrastructure Management,

VIM)等两大关键组件，推动 NFV 走向现网。2017 年，由中国移动主导的 OPEN-O 开源项目并入开放网络自动化平台(Open Network Automation Platform, ONAP)项目，该项目利用云和网络虚拟化提供的服务可实现更高的开发效率和更加自动化的运营，从而加速了服务提供商新业务的部署，并降低了其运营成本，因此也被业界高度关注。国内运营商在 NFV 领域技术成果的基础上，完成了中等规模的示范部署，为下一步全面大规模商业部署积累了经验。

3. 边缘计算

以快速推动边缘计算(Edge Computing, EC)在产业界的不断创新和实际部署为主要目标，边缘计算产业联盟(Edge Computing Consortium, ECC)于 2016 年 11 月在北京宣布成立。目前，关于边缘计算还没有统一严格的定义，一般来讲，边缘计算是相对于云计算而言，将网络通信、计算、存储的资源/能力下沉到网络边缘侧(比如无线接入网侧、核心网侧等)，更加靠近用户端，提供类似云计算服务的智能边缘云服务，更好地支持诸如车联网、物联网、智慧家居、智慧医疗等新业务的需求，进一步保证用户体验的性能要求[25,26]。目前，我国在边缘计算技术的研究主要集中在体系设计、边缘端设备处理能力提升、边缘计算算法的设计、边缘网与云网资源协同、边缘计算安全等几个关键难点问题。边缘计算技术和应用的创新研究将改变我国移动/无线网络的经济形态，助力物联网以及工业互联网的发展。

4. 网络人工智能

未来网络将朝着智能化的方向发展，因此催生了网络人工智能技术的快速发展。2014 年，由中国信息通信研究院联合业界 15 家单位共同发起成立了 SDN 产业联盟(现更名为 SDN/NFV/AI 标准与产业推进委员会)。2018 年 4 月，联盟发布了网络人工智能的应用场景，包括网络资源调度管理、网络运维、网络安全检测等方面。2018 年 9 月，《电信网络人工智能应用白皮书》正式发布，细化了我国电信网络中人工智能技术的应用范围，完成了从基础设施层、网络管理控制层、业务运营编排层、智能应用服务层自下至上的智能电信网络设计。在基础设施层，通过给各级数据中心添加人工智能加速器来提供人工智能分析能力；在网络管理控制层，集成网络智能管控的人工智能推理能力，统一管控 SDN/NFV 云化网络和传统网络，提升网络运维的效率，降低成本；在业务运营编排层，需要运用人工智能技术进行业务预测，实现全局智能化业务和资源编排；在智能应用服务层，提供各种多样化的智能业务，满足不同用户的服务需求。我国在网络人工智能技术方面投入的研究，是为了助力未来网络的智能化发展，提升网络的管理和服务效率，为我国互联网用户提供更好的服务。

2.2 我国未来网络产业发展态势

在全球未来网络产业快速发展的浪潮下，我国相关企业也通过合作共研、自主研发等不同路线展开未来网络产业化成果的推进。因此，本节将主要介绍我国电信运营商、设备厂商以及互联网公司在该领域的工作进展。

1. 电信运营商

我国电信运营商在网络重构与创新方面高度重视、积极布局。其中，中国电信在该领域的主要进展包括：发布了《中国电信 CTNet2025 网络架构白皮书》，全面启动网络智能化重构；自主研发了协同编排系统，协同不同厂商的 SDN 控制器并兼容多种现网协议，在 Overlay 业务与 Underlay 基础网络间进行协同联动，保障网络端到端能力，结合存量固网资源优势，提供了多维度的云网一体化产品；自主研发了新一代网络运营系统，参与并主导了 ONAP 项目的发展；自主研发了 MANO 系统中的 NFVO 和 VIM 等关键组件，积极推动设备厂家进行 vBRAS、vCPE、vEPC 的试验与测试，摸索分层解耦的架构与模式，推动 NFV 走向现网。中国移动在该领域的主要进展包括：提出 NovoNet 2020 的发展理念；推出了 NovoDC 多租户 VN、NovoWAN 全局流量调度优化系统和 SPTN 端到端集成开通服务；牵头推动成立了 Carrier Grade SDN 工作组并任主席，参与无线和移动、光传输网、北向接口工作组标准化工作，参与并主导了 ONAP 项目。中国联通在该领域的主要进展包括：发布了“面向云服务的泛在宽带弹性网络”(CUBE Net 2.0)，目标是对现网进行兼容，同时保证该网络架构可以长期演进，一方面继续保持 IP 基础技术体系，另一方面推动网络的 IT 化转型；发布了“云联网”等多个面向政企客户和 OTT 云网协同产品，开启了国内运营商提供云网一体化服务的进程；推出 IP 骨干网 SDN 演进计划，取得了多项技术突破，如 SDN 大规模商用部署、更强的软件控制能力、先进的系统架构、多种新技术应用、新业务快速开发。

2. 设备厂商

我国在未来网络领域的设备商/芯片商主要有华为、中兴、烽火、新华三和盛科等。华为在未来网络领域积极布局，开展了诸多研究，主要进展包括：提出了意图驱动网络(Intent-Driven Network，IDN)的概念，期望构建一个物理网络和商业意图之间的数字孪生世界，进而驱动网络从 SDN 向智简网络演进，使商业价值最大化；提出了智简 SD-WAN 硬件和软件解决方案，自研了 ARM+NP 的硬件转发架构，设计了高性能 AR 路由器，助力 SD-WAN 开放生态的构建；同时，为了最大化运营商和企业客户的商业价值，构建了面向企业园区、企业专线、家庭宽带、5G 承载、安全等业务场景的解决方案。中兴在该领域的主要进展包括：从 2010 年开始投入 SDN/NFV 研发，从数据中心网络虚拟化、移动回传、DCI 领域逐步扩展到 SD-WAN、IP+光跨层优化、vBRAS、5G 端到端切片等系列化 SDN/NFV 网络方案，以分布式电信云为中心，承载固移融合业务，为运营商提供端到端的网络转型解决方案。烽火顺应信息通信网络“IP+光+云+AI”的融合演进趋势，依托自身高弹性高可靠的电信云平台，为用户提供从接入、汇聚、核心到业务管理编排的全系列产品和解决方案，包括 FitCER SD-WAN、FitBNG vBRAS、FitDC、新一代管理编排系统 FitMANO 等系列产品，构建泛在、超宽、极简、开放的未来智慧网络 FitNet，助力电信运营商 5G 网络商用落地和数字化转型。新华三在该领域的主要进展包括：基于 SDN/NFV 技术推出应用驱动网络系列解决方案——AD-NET，为用户新 IT 时代的网络变革提供核心助力，当前 AD-NET 已经由 1.0 版本升级为 2.0 版本[27]。盛科在未来网络方面的主要进展包括：开发了五代多款核心芯片、成熟的芯片验证平台、多标准的定制化网络交换模块，同时积极参与了 OCP SAI、SONiC、凤凰计划等开源项目。

3. 互联网公司

我国推动未来网络领域产业发展的互联网公司代表主要包括：腾讯和阿里巴巴等。腾讯在该领域的主要进展包括：开发了基于互联网方法论的开放 SDN 网络平台，为腾讯自有海量业务和公有云业务提供有力保障；构建了全面丰富的用户自定义云上网络的产品(VPC)，以及将多地域 VPC 网络、用户自有机房网络、第三方网络等进行连通，进一步提供无线宽广的连接能力；推出了黑石云网络，为物理机提供同等强大和灵活的 VPC 网络环境，让用户可以无差异地在 VPC 网络下使用任何计算实例；成功上线了基于纯交换芯片平台的 SDN-based SR-TE 网络架构。阿里巴巴在该领域的主要进展包括：构建了公有云的飞天操作系统，通过洛神+NETO 对公有云网络和基础网络进行控制、管理与协同，在业界率先推出云企业网和智能接入网关，开辟了公有云的 SD-WAN 路线；提出了 Networkless 的愿景，目标在于网络的极简，做到对最终用户完全透明；基于 SONiC 开源网络操作系统，联合 ASIC 厂家，自研白盒交换机；发起了凤凰计划项目，目标是推动“白盒+开源 OS”的网络生态，促进中国开放网络和 SDN 网络的进一步发展；借助 SAG(Smart Access Gateway)

智能网关实现快速上云，构建企业的 SD-WAN 解决方案；同时全面进军物联网领域，将 IoT 列为阿里巴巴新的主赛场；战略投入边缘计算这一新兴的技术领域，计划在未来 5 年内连接 100 亿台设备。

第 3 章　我国未来网络发展热点

未来网络涉及面广、环节多，为了更好地推动该领域的研究与生态构建，本章将从未来网络试验设施、网络操作系统、天地一体化网络以及海洋信息网络等多个方面介绍我国未来网络的发展热点，供大家共同交流和探讨。

3.1　未来网络试验设施

试验验证是互联网研究、设备开发、应用创新的基本方法，网络技术的创新与应用需要一个大规模、国家级的试验网络平台。为适应全球网络变革的新趋势，我国也在积极搭建国家级的未来网络试验环境。未来网络试验设施由江苏省未来网络创新研究院牵头，清华大学、中国科学技术大学、深圳电信研究院共同参与建设，该试验设施建设将涵盖包括南京、北京、合肥、深圳等在内的几十个城市，同时还将通过国际交换中心实现与互联网以及国际网络试验设施的互联互通；并计划设立 4 大创新实验中心，负责运行管控整个未来网络试验设施，其中这 4 个管控中心之间为一总三分的关系。

未来网络试验设施将支撑国家网络强国战略需求，重点满足“十三五”期间(到 2020 年)国家建设网络强国战略的试验需求，包括未来网络科学研究、产业发展与网络空间安全的试验需求，建设一个先进、开放、灵活、易使用、国际化、可持续发展，与现有网络(IPv4 和 IPv6)互联互通的大规模通用未来网络试验设施，保证主体结构相对稳定，可为各类试验用户提供灵活多样的分层试验服务，为研究未来网络创新体系结构提供简单、高效、低成本的试验验证环境，支撑我国网络科学与网络空间技术研究在核心芯片与关键设备、网络操作系统、路由控制技术、网络虚拟化技术、安全可信机制、大规模组网试验、创新业务系统等方面取得重大突破[12]。未来网络试验设施具体建设目标包括：

(1) 设计未来网络试验设施的体系结构，研究并实现分层试验服务、网络管理与资源调度、网络虚拟化、可编程、联邦、协议无关转发等关键技术的突破，其成果将形成一系列国内外专利及标准；研制分层服务网络设备和虚拟化可编程设备、网络操作系统、IP 主干试验网资源调度与试验服务系统、IP 主干试验网网络管理与安全监测系统等核心设备及系统。

(2) 建设覆盖 40 个城市，稳定、可靠的基础底层网络和计算存储等基础设施，可提供分层试验服务能力。其中光传输网络单波支持 100G；骨干数据网络具备 100G/10Gbps 接口，支持可编程 VN 的切片服务模式，支持以 IPv6 和 IPv4 为基础的分层服务；计算存储基础设施支持云化部署。建设南京运行管控总中心，负责监测全网运行状态，维护全网资源统一视图，运行管理试验服务门户，智能、最优地调度网络中的所有资源，提供给用户可自主定制的网络试验服务。试验设施将实现与现网及国内外相关未来网络试验床的互联互通。

(3) 研发建设典型的示范应用实例,建设未来网络测试和标准化平台，充分展示试验设施在网络管理调度、分层服务、可编程性、并行无干扰试验、网络流量智能调度、试验资源的可视化管理、异构网络联邦互联等方面的特性和优势。利用试验设施开展第三方用户的试验应用实例，促进我国在网络体系结构、关键技术、核心设备与新型业务等方面的创新与应用，推动全国未来网络技术创新研究的广泛开展，相关技术成果将形成一系列标准、论文和专利。

3.2　网络操作系统

自 SDN 的理念提出以来,网络操作系统越来越受到关注，已经成为了未来网络的一项核心技术，在网络基础设施和网络应用之间起到了承上启下的纽带作用。网络操作系统包含两个部分，一部分是控制平面的网络操作系统，另一部分是数据平面的网络操作系统。通过在不同的平面实现软硬件分离，从而让网络更加智能化。网络操作系统对下可以集中地管控底层数据平面的转发设备，具体包括监测转发设备的状态、下发路由转发规则、智能流量调度等，即实现对底层网络的控制；对上可以提供给开发者灵活的可编程能力，开发者可以按需制定相应的业务应用[20]，即实现对上层业务和应用的编排。在多个用户争用底层资源时，网络操作系统可以进行资源的调配和管理，从而更好地服务和满足用户的差异化需求。

网络操作系统可以看作是整个网络的大脑，是新一代互联网中的核心关键技术，与计算机操作系统的功能类似。一方面，网络操作系统需要为开发者搭建一个开放、灵活的开发环境；另一方面，它还需要为普通用户开放一个使用简单、容易操作的接口。因此，网络操作系统就是通过完整的抽象底层网络，从而使得开发者可以按需设计不同的网络应用。

控制平面的网络操作系统主要包含控制与编排两大功能，控制功能通过控制器软件提供，实现对网络中设备、流量等的控制，而网络编排功能主要通过编排器软件提供，实现对用户意图的理解，对用户业务、网络控制器、网络资源的统一编排。实际上，控制器和编排器两者之间并没有明确界限，理论上控制器可实现所有业务与控制能力，但从目前的产业界实现来看，厂家设备与控制可能存在较为紧密的耦合，而且控制器通常是分域独立实现的，对于运营商(包括网络运营商和公有云运营商)而言，会涉及多厂家设备组网的情况，端到端打通会涉及接入网、传输网、城域网、骨干网、数据中心、云等多个业务域，因此编排器往往作为一种超级控制器来协同不同厂家、不同业务域的控制器。

随着未来网络架构和技术的快速发展以及网络操作系统在未来网络架构和技术中核心作用的突显，网络操作系统正日益成为各国都在争夺的制高点。目前，我国设备商、运营商等已经加入国际网络操作系统开源组织和标准化组织，并形成了不同的生态链。在网络控制方面，OpenDaylight开源项目在中国发展迅猛，以中国移动、阿里巴巴、腾讯、中兴、华为为代表的多家通信、IT 企业都加入了该项目，并大力构建相关的产业生态[28]。ONOS 是针对运营商网络场景打造的开源操作系统，当前 ONOS 的合作伙伴包括 AT&T、华为、中国移动、中国联通等。对于 ONOS 架构的设计，从一开始提出之时就充分考虑了运营商的网络需求，如高性能、高扩展性、高可靠、异构兼容性等方面的需求，同时更好地抽象了南北向接口，增强其普适性。关于 SDN 控制器的商用方案，华为推出了 Agile Controller 系列控制器，分为 AC-Campus、AC-DCN、NCE-Transport 和 NCE-IP，分别用于园区/SDWAN、数据中心、传输网和 IP 网络，中兴推出了 ZENIC 统一控制器，可支持云网络、数据中心 Fabric、DCI 、SD-WAN 等多个场景。在网络编排方面，OPEN-Orchestrator (OPEN-O)项目在中国移动、华为的联合倡议下正式发起，随后 AT&T 主导的 OPEN-ECOMP 和中国移动主导的 OPEN-O 项目合并，并成立了 ONAP 项目[12]。

当前，根据网络的控制域与部署位置，网络操作系统可以分为主干网操作系统、边缘网操作系统、云数据中心操作系统和协同操作系统等。主干网操作系统一般部署在运营商主干网中心控制区域的节点上，成为集中式的主干网控制器集群，提供主干网全网拓扑和路由转发策略的统一获取和管理，实现主干网全局流量调度和网络优化等功能。边缘网操作系统一般部署在各个企业、高校的局域网络内，提供对本地网络设备和服务的管理控制，实现局部网络控制。云数据中心操作系统一般部署在云数据中心内，实现多资源池统一管理、网络资源与计算资源的解耦，并支持租户逻辑网络业务自动化编排和部署等功能。协同操作系统一般通过互通协议协同连接各个区域的边缘网和主干网操作系统，提供整网网络跨域业务的协同控制。

鉴于网络操作系统的重要意义，2015 年开始，江苏省未来网络创新研究院联合相关单位，组织开展网络操作系统的研究攻关，目前已自主研发了高性能、可扩展、服务化、开放性的中国网络创新环境(China Environment for Network Innovations, CENI)网络操作系统(CNOS)，实现了大网级网络操作系统的设计、编程和应用。CNOS 具有持续整合、自动学习、开放互联、高效可扩展的特点，通过采用可编程软件定义网络架构，可实现骨干网、边缘网、接入网、数据中心的端到端协同可控和全网编排。与国外 ODL、ONOS 两大主流网络操作系统相比，该系统不仅是一个控制器软件，更是一个网络统一调度和管理平台，可以兼容主流网络设备和编程接口，支持异构混合组网，并能满足网络管控性、灵活性、扩展性等方面需求。

综上，网络操作系统已经成为了全球未来网络发展的热点问题，然而网络操作系统的核心技术，尤其是大网级别的网络操作系统，以及网络操作系统的生态建立仍属于全球竞争的制高点，目前正是建立核心竞争力的关键期和战略机遇期。网络操作系统的新功能模块、关键技术、部署场景、部署方式、生态构建已经成为了未来网络的重要研究方向。

3.3　天地一体化网络

目前，全球在轨卫星约 1350 颗，其中美国在轨卫星为

548 颗，约占全球总量 41%。美国构建了以全球联网的 9 个地面信息港为依托，以 37 颗高轨军事通信卫星为主体，以铱星低轨移动通信星座等商用通信卫星为补充的军民融合的一体化卫星通信网络[29]，可实现多个异构网络的互联互通和通信的全球覆盖。在民用领域，国际海事卫星组织构建的天地一体化信息网络可与移动通信网、地面互联网实现互联融合，能够为海、陆、空各行业用户提供全球化、全天候、全天时、全方位通信服务，已实际形成了对全球的民航空中交通管制、船舶海上交通管制的通信保障。2016 年，美国 SpaceX 公司向美国联邦通信委员会(FCC)提出申请，希望能发射 4425 颗卫星[30]，为全球提供比目前更加高效的互联网服务。天地一体化网络已成为全球各国关注和布局的重点领域。

当前，天地一体化网络涉及多项科学技术难题的攻关，包括卫星轨位和频谱的统筹规划、高速星间激光通信、卫星网络顶层体系结构、低轨卫星星间高效路由、星地移动切换协议、高中低轨异构卫星星座间的异构组网、星上资源动态按需分配、星上服务质量严格保证、基于软件定义的卫星资源管控、卫星网络安全防护、复杂星座运维管控、星上高速低功耗路由交换设备、动态拓扑半实物仿真平台等。天地一体化网络也将积极探索服务军事目标和国计民生的典型示范应用，包括联合作战、公共安全、应急救灾、抢险救援、交通物流、航空管理、海洋维权、智慧城市等，以此拓展新兴信息服务业态，带动信息产业化发展和转型[31]。

我国目前正在筹备和开展一系列天地一体化网络相关

的研究：

(1) 中国电子科技集团牵头的天地一体化信息网络研究。天地一体化信息网络主要由三部分组成，包括天基骨干网、天基接入网、地基节点网。另外，天地一体化信息网络能够与地面互联网和移动通信网保持互联互通，该网络体系可以覆盖全球，为用户提供随时接入以及按需接入的服务，同时保证网络环境的安全可信。

(2) 中国航天科技集团公司提出了“鸿雁”全球卫星星座通信系统建设计划。该系统包括了数百颗以上的低轨道小卫星，能够在较为复杂的环境下提供实时、无缝的通信连接能力，可在全球范围内提供移动通信、宽带互联网接入、物联网、导航增强、航空数据业务、航海数据业务等 6 大应用服务[32]。

(3)“虹云”工程是中国航天科工集团 5 大商业航天工程之一。该项工程将发射百余颗卫星并完成它们的组网通信。中国航天科工集团计划于 2022 年完成“虹云”工程的完整星座部署，建设一个星载宽带全球移动互联网络，面向全球提供宽带移动通信服务，保证通信服务的无缝覆盖。

3.4 海洋信息网络

近几年来，我国海洋事业正在经历着快速发展的阶段。在海洋这一领域，我国给予了高度的重视，制定了打造海洋强国的长期计划。海洋信息网络成为了未来网络信息技术与新时代海洋事业深度融合的重要基础，开展海洋信息化和海洋立体通信网络前沿技术的攻关研究，对于实现海洋强国梦具有重大意义[33]。

从科学视角来看，海洋信息网络在设计的过程中不能直接将传统网络直接移植过来，需要充分考虑海洋本身的一些独有的特征。考虑到海洋空间相比陆地而言更为广袤，因此它在信息获取和信息传输时涉及的环境更为特殊，导致接收到的信息存在一定的复杂性和不确定性，进一步导致接受者很难对这些接收到的信息分析出可靠、可信的结果，这就需要在研究海洋信息网络时提炼出重大科学问题，并引入更多交叉学科的创新技术以解决由海洋本身特性导致的难题和研究挑战。由此可见，建设海洋信息网络将成为一项重要而庞大的工程项目[33]。

海洋信息网络实施设计，包括建设海洋信息化基础设施体系，建立完善海洋综合感知网，整合建设海洋地面综合通信网络，逐步建设囊括空天地海的立体通信网络；建设海洋信息资源体系，整合汇集海洋信息资源，统筹建设国家海洋云平台，开展海洋大数据处理与智能分析，建设海洋信息综合应用服务体系，提升海洋综合管理决策信息服务能力、海洋环境认知信息服务支撑能力；建设海洋信息化支撑保障体系，构建海洋信息化技术支撑体系以及海洋信息化环境保障体系[33]。

我国目前跟海洋信息网络相关的研究有：

(1)“智慧海洋”工程。该研究将工业信息与海洋领域进行深度融合，其目标是要给出全面提升经略海洋能力的整体解决方案。该研究将完善的海洋信息采集与传输体系作为基础，同时将构建自主安全可控的海洋云环境作为支撑，充分地、自成体系地整合了海洋权益、管控、开发三大领域的装备和活动，进一步采用互联网大数据和工业大数据技术，实现海洋活动协同、海洋资源共享、智慧经略海洋三大目标。

(2) 水声通信网络节点及组网关键技术。该研究旨在研制水声通信网络设备，基于这些设备搭建水声通信试验环境，验证相关的技术研究成果[34]，该技术在海洋科学考察、环境监测、资源调查、海洋工程、国防建设等方面具有广泛的应用前景。目前该研究已研制了基于多进制数字相位调制、多进制频移键控、正交频分复用等不同制式的水声通信网络节点，形成了一系列相关的技术规范，搭建了一定规模的水声通信试验环境[34]，开展了为期 45 天的规范化海上试验，海上组网试验经过第三方检验验证，系统运行稳定，表明关键技术取得突破。

(3) 海洋立体通信网络示范验证平台。该平台针对海洋通信网络带宽窄、能力弱、覆盖率低，无法实现广域连续监控、保障海上正常商贸服务和航道安全等问题，综合利用浮空平台、卫星、岸基、岛礁、海上浮台等中继节点，研究新型海洋立体化网络通信系统，确保海上适应海洋环境变化、信号无缝覆盖、用户体验满意、数据业务高速传输，同时还可以保证兼容卫星通信网络、无线通信网络、移动通信等多种通信网络模式[32]，并具有完善的网络管控机制，能够进行各通信系统资源的协调，使得用户具备自主选择通信网路的能力，实现稳定、高效、低廉、可靠的海上通信网络服务，使南海成为我国海上丝绸之路的重要门户和核心枢纽。

第 4 章　我国未来网络发展趋势的思考

通过前面的分析与介绍，我们清晰地了解到我国在未来网络领域的优秀成果和长足进步，然而与其他的一些国家相比，我国在一些研究方向上仍然需要不断的提升。为了更加明确我国未来网络发展的技术方向，加快推进我国未来网络的发展，本章将在充分考虑全球未来网络发展趋势以及我国国情需求的基础上，重点聚焦技术角度和应用场景角度，与读者共同探讨未来网络的发展趋势。

4.1　技术发展趋势的思考

当前，国外网络领域的专家都已经意识到了全球正在面临一个重大的网络变革机会，都在积极抢占未来网络领域技术的话语权。在这样一个形势下，我国的相关专家也应当对未来网络的发展势头达成共识，共同朝着重点聚焦的几大技术方向发力，摆脱以往的跟跑状态，抓住这一历史机遇，从并跑阶段迈向领跑阶段，自主研发在国际上有影响力的未来网络关键技术。本节将就我国未来网络需要重点聚焦的 6 大技术趋势进行探讨。

4.1.1 面向 2030 的网络架构

随着新媒体业务、工业控制、5G/6G 等新应用场景的出现，未来网络特别是面向 2030 年的网络应该具备哪些能力与功能，成为了未来网络架构发展需要考虑的关键问题。因此，ITU 在国际电信联盟电信标准分局 13 研究组(ITU-TSG13)全会上决议通过了成立 Network 2030 焦点组(Focus Group on Network 2030，FG NET-2030)。该焦点组旨在探索面向 2030 年及以后的网络技术发展，研究潜在的网络新需求、新技术、新架构，包括新的网络需求和用例、新的网络服务和应用及其使能技术、新的网络架构及其演进。由于时延、带宽及连接数量的限制，当前的网络无法满足诸如 AR/VR、全息、工业互联网、触觉互联网、车联网等未来新应用的要求。FG NET-2030 将探索新需求和用例及应用场景、新服务和技术、新架构和基础设施等领域。在新需求领域，网络带宽要增长到 T 比特级、网络连接将增加到 M 级、网络处理时延将减小到微秒级。在新服务领域，网络要从“尽力而为”向高精度业务保障转变，提供全息传送(如多感全息)、高精度服务(如远程医疗、工业互联网)、最佳保障服务(如 AR/VR 和自动驾驶)等。在新构架上，要实现地面和卫星通信融合的网络、云网边协同、基于用户需求的网络智能化等新的网络架构。

4.1.2 数据平面可编程

SDN 体系架构设计的理念中只能在控制平面进行可编程，而新一代高性能可编程数据包处理芯片加上“P4”这样的高级语言的出现，使得摆脱网络数据平面的束缚成为了可能，让网络拥有者、工程师及管理员有可能自顶而下地定义数据包的完整处理流程。网络程序员首先用 P4 语言对数据包的处理流程进行定义，紧接着通过编译器配置不受具体协议限制的交换设备，进一步完成用 P4 表达的数据包处理逻辑[24]。进而可以将交换机变为柜顶交换机(Top-of-Rack，TOR)、负载均衡器、流量控制设备或防火墙，或者支持新的拥塞控制算法和新的自动诊断功能等[35]。这种可编程数据平面有助于网络系统供应商进行更快速的迭代开发，甚至直接通过打补丁修复现有产品中发现的数据平面程序漏洞。它还可以帮助网络拥有者实现最适合其自身需求的具体网络行为。协议无关转发专用编程语言 P4 具备协议无关性、目标无关性以及现场可重配置能力，未来 P4 将很好地帮助研究人员参与数据包处理逻辑的相关研究，加速网络控制、管理和服务的创新。

除此之外，华为也推出了协议无感知转发(Protocol Oblivious Forwarding, POF)项目，通过微码通配符驱动层统一抽象所有协议，从而保证不对任何具体协议的依赖，所有报文处理与转发策略完全由控制器控制，实现了转发设备对报文类型的无感知处理与转发，有利于新协议的快速部署。相对于 P4 来说，POF 给出了明确的转发元素抽象定义，同时 POF 也需要 P4 这样的控制器高级编程语言来共同构建协议无感知的转发生态系统。

4.1.3　低时延与确定性

传统以太网凭借“尽力而为”的简洁思想逐渐在传输网络中占据上风，但因此会导致不可控的路由路径、丢包率和传输时延。基于以太网成为主流的趋势，2005 年，IEEE 的 802.1 任务组成立音视频桥接(Audio Video Bridging, AVB)任务组，用于局域网时延敏感的音视频业务的传输。2012 年，AVB 任务组改名时间敏感网络(Time Sensitive Network, TSN)任务组，主要应用于各种支持低延时及基于时间同步数据传输的以太网协议。TSN 与面向控制的对象链接和嵌入统一架构组合，促进多家标准的统一，实现工厂生产过程中所有数据的透明交互。IETF 于 2014 年年底成立了确定性网络(Deterministic Networking, DetNet)工作组，专注于在第 2 层桥接和第 3 层路由段上操作的确定性数据路径，目标在于将确定性网络通过 IP/MPLS 等技术扩展到广域网上，并且于 2017 年开始高频率的进行文档更新，包含整体结构、流量模型、IP 与 MPLS 数据平面结构与安全性等方面。确定性网络旨在为网络提供确定性的传输服务，面向音视频流量、无线工业互联网、蜂窝网络等网络场景。确定性网络能够全面推动工业互联网革命、加速工业 4.0 的发展。

在网络中提供确定可靠的 QoS 服务为确定性网络的主要实现形式，主要包括拥塞保护、服务保护与确定性路由三方面的内容。对于拥塞保护，主要包括对于流量的拥塞丢包的消除、传输抖动的降低与时延的固定等；服务保护面向服务，主要提供有序传输能力，消除数据包乱序；确定性路由旨在提供确定性的路由传输，消除由于路由更新或改变带来的副作用。具体地，TSN 技术首先将网络中需求不同的流量分成不同的优先级流，将有确定性需求的流量与其余流量区分开，然后以类似“时分复用”的思想，通过不同的流量整形机制为高优先级流量提供确定的传输“时隙”，以保证时间敏感流量有一条确定的传输路径。为了在二层网络中实现确定性网络，TSN 标准提供了精确的网络时间同步机制，调度不同优先级流量的网络管理机制，保证确定性时延的 QoS 机制和配置以上标准的执行机制。

4.1.4　网络计算存储一体化

随着互联网与实体经济的深度融合，以及 AR/VR、4K/8K 高清视频、物联网、工业互联网、车联网等众多新型业务应用的出现，未来网络要求具有灵活可扩展、低时延、大带宽以及海量连接等能力，以满足新型业务的差异化服务质量需求。为应对这一需求与挑战，网络、计算与存储一体化融合已成为业界公认的解决途径之一，正成为未来网络发展的重要趋势。这是因为：一方面，并行计算、效用计算、高性能计算等技术逐步成熟，计算与网络基础设施的融合已成必然趋势；另一方面，随着技术进步，存储设备的成本呈现快速下降趋势，在网络中集成存储功能、利用存储换取带宽成为一种可行的设计思路。

为顺应网络计算存储一体化这一发展趋势，当前业界提出了通过云网协同、多云管理等创新技术解决思路，目前已成为全球业界关注的焦点。云网协同(也称云边协同)就是要实现云和网的无缝衔接、业务随选，这也是全球运营商重点布局的业务，从而为企业应用提供差异化的云服务。网络技术发展至今，云计算早已进入了技术发展的成熟期，就此企业纷纷在探索自己云化、数字化的发展道路，而对于业务多元化、全球化的大中型企业而言，IT 需要同时支撑数字化转型创新业务和复杂的传统业务，单一的云服务商很难满足这些需求，因此公有云、私有云、混合云这种多云模式成为企业的必然选择，随之而来的问题是如何能够更好地整合多云资源提供良好的服务，在这个过程中多云管理将会起到重要的作用，有助于实现 IT 云化的平滑过渡。同时，为了降低骨干网压力、减小业务交互时延、提升用户体验，业界进一步提出了边缘计算、雾计算等创新思路，开启了由云计算向边缘计算/雾计算的工作推进，更好地支持诸如物联网、车联网等边缘业务。由于边缘计算基础设施靠近园区、工厂、用户侧，其投资方式、运营方式、管理方式均可能会发生变化，因此边缘计算等技术未来将可能推动构建一种新的开放、协作的生态系统，将可能很大程度上改变电信运营商的运营模式。云计算和边缘计算可以类比于人的大脑和神经末梢，未来的算力与存储将在云和边缘端，根据业务与效能合理分布，在网络的衔接下紧密协同，形成全球范围内 ICT 资源的有机整体，推动和促进 ICT 新业态的形成。

4.1.5 网络人工智能

随着信息通信技术和人工智能技术的发展，人类社会正快速向着信息化、智能化的方向发展。人工智能技术为人类社会的持续创新提供了强大的驱动力，开辟了广阔的应用空间。大规模网络带来了迫切的自动化管理需求，网络引“智”，化“繁”为“简”，在已有的研究中，通过 SDN 和 NFV 两种技术可以实现网络重构，重构后的网络架构可由基础设施层、VN 管控层和协同编排层等构成[2]，为网络带来了灵活、可集中管控的能力。然而 SDN/NFV 仅仅是网络软件化、虚拟化的第一步，之后会进一步加强智能化能力，最终帮助运营商网络实现运营决策智慧化、业务定制化、维护精准化和服务智能化。这种智能化能力可以采用循序渐进的实现方式，先在网络控制器中实现人工智能，进一步实现设备智能、网络智能和业务智能三角形[2]。基于集中式采集的海量历史数据，并配合深度学习技术，可以为网络的运维管理提供智能化决策，例如在故障检测、网络安全、路径规划、流量调度领域，人工智能技术都将能发挥很大的作用。人工智能为网络的创新和发展带来了新的机遇，将人工智能技术应用在网络领域已经受到了学术界和工业界的广泛关注，在一些初步的尝试中也取得了一定的成效。但是，从各方面看，仍然存在诸多问题，例如如何有效将通用机器学习算法应用到网络领域，另外如何利用 SDN/NFV 带来的软件化能力巩固全网智能化发展的基石也还存在诸多挑战。

4.1.6　网络开源

开源组织是未来网络研究发展的一个重要特征，未来网络在控制平面、数据平面，软件、硬件等各个方面都成立了开源组织，如 OpenDaylight、ONOS、ONAP 等开源组织，并被广泛认可。网络软件开源、硬件开源已经成为了未来网络技术发展的重要趋势。自 2004 年到 2016 年，谷歌数据中心开始定制开源硬件。同时，Facebook 成立了 OCP(Open Compute Project)项目，并且于 2016 年底成立了新的电信基础设施项目(Telecom Infra Project, TIP)。2018 年 3 月，Linux

基金会联合主要厂商发起 DANOS(Disaggregated Network Operating System)项目，旨在打造开放、高效灵活的设备操作系统。同一时间，开放网络基金会(Open Network Foundation, ONF)发布了下一代 SDN 接口战略，并在谷歌的支持下推出了 Stratum 项目，致力于实现真正的软件定义的数据平面平台，提供白盒交换机和开放软件系统。2018 年 10 月，AT&T 宣布将向 OCP 计划提交白盒基站网关路由器的技术规范，同时 OpenStack 的 StarlingX 边缘计算项目正式发布。2019 年，Facebook 推出了模块化的白盒网络交换平台 Minipack。同时，Intel 的 DPDK，微软的 SONiC，Barefoot 的 P4 等关注数据平面性能与可编程性的项目也越来越受到重视。由此可见，未来网络的开源发展趋势方兴未艾，正日益得到学术界和产业界的广泛关注。

4.2　未来应用场景的思考

自党的十九大以来，制造强国和网络强国的建设就一直是我国重点推进的工作之一，通过网络技术改进和网络技术创新的手段，一方面重构传统消费型网络，提升网络性能；另一方面布局工业领域、国家军事领域，提供满足需求的网络基础设施和能力。未来网络技术应把握这一重要历史时期的契机，需要针对消费型互联网、工业互联网、军民融合网络、空间网络等不同应用场景的特点、需求差异，分而治之地提出相应的技术解决方案，循序渐进地解决我国网络空间存在的问题。

4.2.1　消费型互联网

消费型互联网主要面向最终用户提供声音、数据、视频等多种网络服务与应用。随着数据和视频内容的持续增加，对网络带宽的需求越来越大，尤其是 4K/8K 高清视频、AR/VR、直播点播等业务的出现，用户希望获得更好的用户体验，希望网络能够提供更高的数据容量。例如 4K/8K 视频是未来网络中的重要业务，收看 4K 视频和收看 8K 视频对带宽的需求各不相同，最高将达到 1Tbps 的带宽需求。然而，中国宽带发展联盟的宽带测速报告显示，2017 年第四季度我国固定宽带用户的忙闲时加权平均可用下载速率为 19.01Mbps[36]。由此可见，未来我国消费型互联网仍需要进一步提升优化，才能满足增强沉浸式交互体验对大带宽的需求。为此，需要利用软件定义广域网、边缘计算等技术来减少跨网流量、提升网络带宽资源的整体利用率，并通过建设具有超高速带宽的新型数据通信网络来应对网络流量的急剧提升。

4.2.2　工业互联网

工业互联网以互联网、大数据、人工智能等核心技术为基础，实现对未来工业和制造业的重构，同时激发未来工业和制造业的生产力，将互联网与实体经济进行深度的融合[37]，是实现制造强国和网络强国建设的重要基础。在网络与实体经济深度融合的背景下，工业互联网需要满足低时延、确定性时延、网络安全、网络业务定制、万亿级的连接等多方面的工业需求，需要采用软件定义网络、边缘计算、网络人工智能等新的技术架构来解决工业互联网领域的网络挑战。软件定义网络加强了网络的集中管控能力，实现了网络资源调度的智能化和差异化，边缘计算主要解决工业互联网安全和实时控制等问题，网络人工智能有助于完善工业系统诊断、预测、决策和控制等智能化功能。此外，还需要攻克基于时间敏感网络的 IT/OT 融合系统、基于边缘计算的工厂内集成应用、工业互联网的低功耗广域网、工业互联网标识解析架构、工业互联网标识解析方案、工业互联网安全保障等核心技术。

4.2.3 军民融合网络

我国坚定推进军队信息化建设，计划到 2020 年在军队信息化建设和战略能力方面取得长足的进展[38]。随着我国军事信息化建设步伐的不断加快，面向军事作战任务的专用网络建设已经成为我国军事领域现代化建设道路上一项长期、复杂而又艰巨的重要任务[39]。在战场环境中运用计算机网络技术依然存在移动性、鲁棒性、链路带宽限制等不同于民用领域的挑战。信息化作战条件要求军事网络具备解决网络协同融合、网络抗毁、网络安全、海量信息交互、信息贴近作战单元部署、虚拟化和差异化的问题。具体而言，军事网络需要解决人、机、物的保障性互联互通，提供信息化、协同作战能力。此外，对于远端的指挥中心来说，需要完成军队实时作战情况、卫星、传感器采集的海量数据的信息收集；对军事部署、战略武器等进行远程控制；并对战场数据进行实时分析处理，辅助决策。为此，军事网络需要能够解决远距离的控制问题，实现人、网、物的精确可控，需要做到对服务质量(端到端带宽、端到端时延等)的精确控制、面向战场节点失效场景提供网络抗毁自愈能力、面向战场的高动态与自组织。

4.2.4 空间网络

我国信息化发展领域已全面拓展到生产、生活、科研等各个领域，具体包括海洋、陆地、天空、太空等，因此，建设空间网络基础设施，推动海洋、陆地、天空、太空网络联动发展，打造多层、立体、多角度、全方位、全天候的网络信息空间，具有深远意义。在海洋方面，注重建设海底光缆基础设施，扩大海底光缆传输通道，实现覆盖全球的海底通信基础设施；在此基础上，加强海洋通信关键技术的攻关，并开发基于海洋通信的新业务和新应用[29]，全面支撑海洋物联网的需求。在陆地方面，以光纤网络和移动网络为连通媒质，提供大容量、高可靠、低时延超高速的通信传输服务，进一步升级骨干网，可以让用户具备灵活选择光纤宽带和高速移动宽带网络多接入服务的能力，鼓励互联网企业、运营企业加快部署数据中心、云交换互联中心等相关基础设施。在空天方面，统筹卫星系统建设和应用，加速布局卫星移动通信和宽带卫星通信系统相关领域的技术应用；加快布局近海高速中继移动通信网络、平流层浮空平台、低轨卫星移动通信、空间互联网等前沿技术应用[29]。最终营造一个完备的空间网络生态体系。

第 5 章　未来网络发展展望

面向 4K/8K、AR/VR、工业互联网等新兴互联网应用发展的大潮，网络面临着一系列新的要求与挑战，未来网络与实体经济结合，将渗透到社会的方方面面，有十分巨大的市场前景。现阶段未来网络领域百花齐放，SD-WAN、多云协同、边缘计算、确定性网络、网络人工智能、开放开源等创新技术趋势正在深入影响和变革网络产业形态，基于全新架构构建的未来网络创新试验环境为这些网络相关技术的发展与创新提供着高效的平台。未来网络技术将不断演进、驱动应用服务创新，将会极大地服务社会的发展。

未来网络的发展对于我国网络强国、制造强国的发展和建设起到关键的基础支撑作用。在网络体系结构方面，设计面向 2030 的网络架构，支持 AR/VR、全息、工业互联网、触觉互联网、车联网等新应用，从根本上提供一个高质量的网络服务环境。在未来网络核心关键技术方面，重点突破数据平面可编程、低时延与确定性网络、网络计算存储一体化、网络人工智能等一系列关键核心技术，支持实现“中国网络 2030”，抢占未来网络技术发展高地。在网络操作系统方面，要抓住时代赋予的机遇，加快在网络控制方面与业务编排方面的研发，改变我国缺“芯”少“魂”的现状，提升我国在网络操作系统领域的影响。在重点应用领域方面，加强面向工业互联网、军民融合、空间网络等重大场景的示范应用成果输出，开展核心技术在这些重大场景的一系列示范应用，培育经济转型发展新动能，增强我国在创新发展方面的核心竞争力。

通过加强技术和示范应用的发展和推广，进一步形成自主可控的未来网络产业生态链，致力于打造“芯片-设备-网络体系架构-核心关键技术-大规模未来网络试验设施-重大应用示范”的产业生态，整合我国电信运营商、设备厂商、互联网公司、研究机构及高校的资源优势，在全国范围内形成多个知名的科研创新和产业创新高地，打造未来网络教育平台，培养更多优秀的技术型人才，大幅提高我国在未来网络领域的创新能力，助力我国在未来网络技术和产业发展领域跻身创新型国家前列。

第 6 章　总结与致谢

本书主要就国内外在未来网络技术和产业方面的发展情况做了系统性介绍，包括未来网络架构、关键技术、试验设施、业界公司产业成果等方面，从整体的角度呈现全球未来网络的发展态势；同时，本书还聚焦未来网络试验设施、网络操作系统、天地一体化网络以及海洋信息网络等 4 个方面介绍我国未来网络的发展热点，以期我国在这些热点方向上尽快取得重大研究成果，同时从技术和应用场景的角度分别就我国未来网络发展趋势展开了思考；最后，还从整体上对未来网络的发展进行了展望，与读者进行共同探讨和商榷。

参与本书撰写和审校的人员包括：北京邮电大学的黄韬教授、谢人超副教授、刘江副教授、张娇副教授、汪硕老师、潘恬老师、朱海龙老师，北京工业大学北京未来网络科技高精尖创新中心的霍如老师、鄂新华老师、张翼同学，以及江苏省未来网络研究院的魏亮博士等，在此对大家表示衷心的感谢。也感谢网络通信与安全紫金山实验室相关技术专家在撰写过程中提出诸多建议，以及 SDNLAB 平台提供了产业最新进展资料。最后，感谢余少华院士对全书进行了审定和修改，并提出宝贵意见。

本书作者：黄韬　霍如　刘韵洁

参 考 文 献

[1] 习近平：自主创新推进网络强国建设．全国网络安全和信息化工作会议，2018.

[2] 余少华．未来网络的一种新范式：网络智能体和城市智能体．光通信研究，2018, 44(6): 1-10.

[3] 吴超，张尧学，周悦芝，等．信息中心网络发展研究综述．计算机学报，2015, 38(3): 455-471.

[4] 黄韬，刘江，霍如，等．未来网络体系结构研究综述．通信学报，2014, 35(8): 184-197.

[5] 霍如．信息中心网络缓存资源管理与应用研究．北京：北京邮电大学博士学位论文, 2017.

[6] 孟宏伟，陈钟，孟子骞，等．未来网络 XIA 中的虚拟机跨子网迁移．通信学报, 2016, 37(3): 107-116.

[7] 洪学海，马中盛，范灵俊．关于未来网络研究的调研报告, 2016. https://max.book118.com/html/2017/0512/106342253.shtm.

[8] McKeown N, Anderson T, Balakrishnan H, et al. OpenFlow: Enabling innovation in campus networks. ACM SIGCOMM Computer Communication Review, 2008, 38(2): 69-74.

[9] 胡杰．Cloud CO 参考架构与中小企业入云的实践．通信世界，2018, (9): 46-47.

[10] 郜城城，周旭，范鹏飞，等．移动边缘计算技术在高铁通信网络中的应用．计算机系统应用, 2018, (8): 56-62.

[11] Patel M, Naughton B, Chan C, et al. Mobile-edge computing introductory technical. White Paper, Mobile-edge Computing (MEC) Industry Initiative, 2014.

[12] 魏亮．面向云网融合的资源调度算法及实验平台研究．北京：北京邮电大学博士学位论文, 2018.

[13] Mao H, Alizadeh M, Menache I, et al. Resource management with deep reinforcement learning. ACM Workshop on Hot Topics in Networks, Redmond, Washington, USA, 2016: 1-7.

[14] Gartner Market Guide for AIOps Platforms, 2017. https://www. gartner.com/doc/3772124/market-guide-aiops-platforms.

[15] Arzani B, Ciraci S, Loo B, et al. Taking the blame game out of data centers

operations with NetPoirot. Proceedings of the 2016 ACM SIGCOMM Conference, Florianopolis, Brazil, 2016: 440-453.

[16] 李芳, 徐云斌. 中国信通院专家: 5G 承载走向何方? 人民邮电报, 2019-2-14.

[17] 刘家俊, 王琨, 王长山. GENI 的研究与设计. 现代电信科技, 2008, (2): 44-47.

[18] 刘韵洁, 黄韬, 张娇, 等. 服务定制网络. 通信学报, 2014, (12): 1-9.

[19] 邬江兴. 新型网络技术发展思考. 中国科学:信息科学, 2018, 48(8): 1102-1111.

[20] 殷波, 张云勇, 王志军, 等. 基于SDN的数据中心网络技术研究. 信息通信技术, 2015,(1): 29-33.

[21] 吴建平, 李丹, 毕军, 等. ADN: 地址驱动的网络体系结构. 计算机学报, 2016, 39(6): 1081-1091.

[22] Filsfils C, Nainar N, Pignataro C, et al. The segment routing architecture. Global Communications Conference (GLOBECOM), Abu Dhabi, UAE, 2015: 1-6.

[23] Bosshart P, Daly D, Gibb G, et al. P4: Programming protocol-independent packet processors. ACM SIGCOMM Computer Communication Review, 2014, 44(3): 87-95.

[24] 徐雷, 熊微, 毋涛, 等. 基于开源技术的 WoMANO 技术架构研究. 信息通信技术, 2016, 10(2): 36-40.

[25] 通信产业网. 工业 4.0 遇到边缘计算, 2016. http://www.ccidcom.com/company/20161128/cQy72FOPMYZdzsbI.html.

[26] 中国信息通信研究院. 中国信通院牵头推荐 ITU-TSG20 “物联网边缘计算”国际标准. 电信工程技术与标准化, 2018,(2): 92.

[27] 网络通信频道. 看新华三如何驱动网络应用, 2017. http://net.it168.com/a2017/0427/3118/000003118084.shtml.

[28] 马军锋. SDN/NFV 关键技术问题分析与标准化进展. 中兴通讯技术, 2016, (6): 12-16.

[29] 央视网. 加快建设泛在先进的信息基础设施体系, 2016. http://news.cctv.com/2016/12/28/ARTIVK194jjiG2oTQkiAEsu0161228.shtml.

[30] 新浪科技. SpaceX 计划 2019 年发射互联网卫星, 2017. http://www.techweb.com.cn/it/2017- 05-05/2520309.shtml.

[31] 尼摩. 低轨通信星座: 全球互联信号覆盖无死角, 2018. http://wap.cnki.net/touch/web/Newspaper/Article/CHTB201809290030.html.

[32] 夏明华, 朱又敏, 陈二虎, 等. 海洋通信的发展现状与时代挑战. 中国科

学: 信息科学, 2017, 47(06): 677-695.
[33] 李晋, 蒋冰, 姜晓轶, 等. 海洋信息化规划研究. 科技导报, 2018, (14): 57-62.
[34] 陈焱琨. 水声通信网络时延分析与媒体接入协议设计. 广州: 华南理工大学博士学位论文, 2018.
[35] 李倩, 张凯, 魏浩然, 等. 基于 P4 和机器学习的路由选择方案探讨. 邮电设计技术, 2018, (12): 7-11.
[36] 杨光. 组 CP!运营商与 VR 企业能共赢. 人民邮电报, 2018-4-10.
[37] 黄忠义. 区块链技术在工业互联网平台安全领域探索应用. 网络空间安全, 2018, 9(10): 22-25, 33.
[38] 刘亚杰, 李忠猛, 施连会, 等. 航母专业技术岗位人才培养模式研究. 海军工程大学学报(综合版), 2017, 14(4): 70-74.
[39] 吴应进. 新军事变革与军队信息化人才建设. 军事经济研究, 2004, 25(8): 64-67.